Zwei deutsche Herren

*Zwischen Brasserie
und Völkerschlachtdenkmal*

© Tapetenwechsel GbR, 2024

2. Auflage 2025

Layout: Gilberto Pérez Villacampa

Joke Reichel & Silvio Witt

Fernreisen
haben eine scheußliche Nüchternheit
erlangt.
Flugzeuge tragen daran einen großen Anteil.
Zeitloses Kontinentengehopse.

Daher sind Züge
die letzte Bastion des angenehmen
und wahrhaft zeitgenössischen Reisens.

Folgen Sie uns in der Lyrik.
Eine Reise durch die Schweiz,
durch die Nacht und nach Berlin.
Am Ende stehen wir jedoch gemeinsam
vor dem Völkerschlachtdenkmal.

Für Grit & Wolfgang und Doris & Wolfgang

geschrieben im März 2024

Brasserie

Farbenarmes Herrengewand
Unerbittliche Ruhe
Der Weg, er führt mich durch Charlies Land
Ich erweitere meine Lebenstruhe
Ein guter Freund rechts zur Seit'
Wir haben alle Zeit
Niemand stört uns hier im Ort
Ich habe für dieses Leben nur ein Wort:
Vollkommen

JR

À la recherche de la lumière

Abruptes Ankommen
Keine Achtsamkeit
Der Weg ist das Ziel
Oder doch nur Faselei
Menschen wie Pylonen
Rennend umkurvt
Die Statue im Sonnenlicht
Wie von selbst auserkoren
Wunderndes Gegrinse
Schnappschuss ist gemacht
Nun kann der Urlaub beginnen
Nun wird gelacht

JR

Montreux

Wach auf, Montreux
Der Tag ist an
Und wir sind da
Dein Sonnenschein
Entschädigt
Für das ganze Jahr
Du nimmst uns auf
Und lässt uns in Ruhe
Ich glaub, ich weiß
Was ich nun tue
Wir bleiben hier
Bis der letzte Schnee
Geschmolzen ist
Dann reisen wir ab
Wenn es uns dann noch gibt

SW

Vevey, vielleicht

Am Bahnhof gleich gegenüber
Zwanzig Schritte vielleicht
Vielleicht auch etwas drüber
Strahlt die Sonne mit Gelassenheit
Und keiner mag Hektik
Oder gar Geschäftigkeit
Wir trinken Wein im Hotel Astra
Warten auf die Zeit
Und frönen unserem Laster
Vielleicht entdecken wir
Chaplins Fröhlichkeit
Bleiben ein wenig hier
Bleiben ein wenig wir
Es ist wie beim Tod in Venedig
Vielleicht nicht ganz so elendig
Vielleicht wird das Ende wunderschön

SW

Schwarze Wölbung

Entgegenkommendes Lachen
Cola-Dosen krachen
Das Haupt ist warm behüllt
Unser Glas gleich wieder befüllt
Anders sein ist keine Farce
Die Herren sehen aus wie Stars
Angekommen im Ort des Glücks
Ist Chaplin entzückt
Welch' Freudens Stück

JR

Nix Deutsch

Französisch
Zucken
Zeigen
Stammeln
Englisch
Brabbeln
Flüstern
Deutsch
Bemängeln
Augen
Strahlen
Essen
Kommt

JR

Courant (Strömung)

Lever du soleil sur le lac
Montreux du besitzt Geschmack
Je veux bouleverser le tableau de ma vie
Das alte Leben bekommt mich nie
La moindre parcelle de la stupeur
Ab sofort gibt es nur noch edlen Likör
Die Zeit, sie wird sich winden
Freunde verschwinden
Augen erblinden
Und wachen auf
Le soleil sur le lac
Ich springe aus dem Takt

JR

Schaumkämme

Der Morgen bringt den Wind
Aus Norden
Die Nacht ist nicht mehr
Zu verorten
Der Wein erzeugte
Schlussapplaus
Der Kellner wollte
Nur nach Haus
Der Tag verspricht
Ein letztes Mal
Wir sind erpicht
Auf das was war
Drücken auf repeat
Folgen dem Beat
Der Schaumkämme

SW

Zwei deutsche Herren

Man sagt
Zwei deutsche Herren
Seien in der Stadt
Der eine zierlich
Der andere muskelbepackt
Sie schlendern
Sie flanieren
Sie kämen
Um zu finden
Der eine endlich ewige Ruhe
Der andere, was er bald tue
Man dreht sich um
Man ist sehr höflich
Man weiß noch nicht genau
Es ist hier doch sehr dörflich
Sie wären eine Bereicherung
Nur wissen sie's selber nicht
Sie haben die Heimat satt
Man sagt, zwei deutsche Herren seien in der Stadt

SW

Melone aus Corsier

Mutter sagt
Stil kann nicht schaden
Vater meint
Ich kann es tragen
Die Welt ist auf
Der Überholspur
Kaum einer kleidet sich
Man zieht sich an
Eintönigkeit pur
Wir tragen nun Melone
Und freuen uns auf
Spötterei
Corsier lehrt uns die Ruhe
Und den Verzicht auf Einerlei

SW

Montreux Rivière

Vergangenheit im Nacken
Zukunft in der Hand
Was werde ich nur greifen?
Ich habe die Zügel und die Schand
Party am Wall folgt so gleich
Mein Herzschlag Widerwillen
Schnell schnell
Folgt der Sprint
Ich sitze zwischen den Welten
Das Handy ringt
Der Samen springt
17 Grad umringt
Was, würde ich nur fliehen?
Doch stehe ich am Ort
Der Aperol, er folgt sogleich
Mein Freund und ich
Wir leben

JR

Lauf der Dinge

Adieu
Wir sehen uns demnächst
Deine Ruhe
Deine Schönheit
Deine Inspiration
Doch dort vorn
Wartet schon
Der Zug
Am Gleis eins
In das verkannte Leben
Das ein anderes wird
Mit viel mehr Schönheit
Etwas Ruhe
Und Deiner Inspiration

SW

Pourboire (Trinkgeld)

Man sagt zwei deutsche Herren
Verließen die Stadt
Kein Grand Cru mehr
Die Kehle ist satt
Des Kellners Nase
Sie rümpft nicht mehr
Doch vermissen uns die Hauswand
Und Freddie just schwer

Der Tisch hat nun Platz
Die Kellnerin deckt ihn ein
Keine Hüte mehr am Haken
Kein Getanze und kein Geschrei
Keine funkelnden Hacken
Schreiten über den Asphalt
Das Billet wird gekauft
Zwei deutsche Herren
Verlassen die Stadt

JR

Nachtzug 1

Beine schnell trabend
Gedanken verwirrt
Wo finden wir unser Gleis?
Wo finden wir unser Gestell?
Die Tafel verschweigt uns
Von wo die Reise beginnt
Doch werden wir fündig
Die Hektik entsinnt

Das Prickeln ist geöffnet
Volle Fahrt voraus
Gelb-blau funkelnde Gedichte
Schaffen ewige Dunkelheit
Quietschende Schienen
Wohlbewärmte Sitze
Die Türe wird sich öffnen
Was denn wohl auf uns baut?

Gerissen aus dem Traum
Die Hektik zieht ein neu
Die Schienen werden lauter
Die Leut' auf den Kopf gehaun

Endlich Ruhe seit 20 Minutes
Die Augen werden schwerer
Die Gemüter beruhigen
Die Socken funkeln grau-schwarz

Die Türen bleiben geschlossen
Bis vor der wilden Stadt
Was uns wohl dort erwartet?
Danke Zug und Fahrt

JR

SBB-Tisch

Evian
Und Burger King
Schwarze Flasche
Man spinnt was dort drin
Grüne Dosen
Klares Glas
Der Nachbar neidet
Die Geister gescheidet
Die Stulle stopft
Den schiefen Mund
Erziehung flieht
Meiner Mutters Tod
Und noch ein Stückchen Schoki rein
Sagt der Körper nicht nein
Zu dieser absolut vergifteten
Süßigkeit
Niemals klein

JR

Nachtzug II

Gepackte Koffer
Einige Damen im Abteil
Der Herr liest eine Illustrierte
Mademoiselle ist es einerlei
Sie durchforstet ihr mobiles Telefon
Draußen rauscht die Landschaft vorbei
Ohne spürbare Intention, doch schon
Begnadet ist der, der den Schwall
Der Natur noch zu schätzen vermag
Der nicht um jeden Preis
Die Ablenkung im Endbahnhof sucht
Der einfach hier ist auf dem Gleis
Mit hunderten Fremden sich weiß
So hat man's gebucht
So soll es sein
Nun versinkt alles im Dunkel
Nur der Mond wirft seinen Schein
Auf die Landschaft
Auf die Müden
Auf die Pendler
Gen Norden, gen Süden

Halb fallen die Augen zu
Jemand schnarcht
Ein anderer findet keine Ruh'
Es ist der Nachtzug
Es ist die Alternative
Es ist die alte Welt
Die alte Schiene.

SW

Realke

Sag ja zum Leben
Und auch zum Tod
Gehorche deinen Freunden
Deinen Feinden in der Not
Lass dich vom Himmel leiten
Dem Sonnenschein entgegen
Der Hoffnung schönen Weiten
Mach's Tor auf und steig' empor

JR

Kleines Glück

Intensive Augenblicke
Tragen ein Leben lang
Kaum zu planen
Viel zu wagen
Aber dann
Loslassen
Mitnehmen
Nichts fragen
Einfach hier sein
Manchmal auch viel sein
Hauptsache bei Dir sein
Und ich kann es nicht lassen
Mich dann unters Volk zu mischen
Deine und meine Spuren zu verwischen
Ich lebe nur durch diesen Augenblick

SW

Essig auf meinen Stimmbändern

Leute sagen
Du sollst was wagen
Aber wenn du ihnen vom Wagnis erzählst
Wagen sie es dir das Unterfangen abzureden
Drum stelle dich an deine Quelle
Des Lebens und dann belle
All den Zweifel weit heraus
Dann gehst du nach Haus
Neben deiner Maus
Gaumenschmaus

JR

Kalter Wein

Es läuft herunter
Über die Haut
Ein kaltes Wunder
Hat bisher noch nichts versaut
Was wird passieren
Weiß nur die Zukunft
Immer mehr und mehr
Gegen die Vernunft
Fremdes Gemurre
Aber auch Bekanntes
Ich habe es im Griff
Vielleicht auch verkanntes
Gedenke und Gedenke
Was soll ich nur tun?
Lass die Zeit entscheiden
Und erstmal noch etwas ruh'n

JR

Ein Freund

Am Ende sind es Zweifel,
Freude und Tränen
Mit laufendem Motor
Sind wir gestartet
Keiner hat vom anderen
Je was erwartet
Vielleicht eine gute Zeit
Oder auch den Tag dazu
Vielleicht ein paar Worte
Vielleicht neue Orte
Oder Rhapsodie in blue
Ein paar Kilometer
Werden es noch sein
Der Anfang verschwindet
Im Sonnenschein
Am Ende sind es Zweifel,
Freude und Tränen

SW

Nichtfahrten

Husten
Und Quietschen
Summen des Lichts
Rütteln
Und Schütteln
Nur bricht das Genick
Zerren
Und Ziehen
Die Geduld verlieren
Umherwühlen
Und schieben
Fremde Arten verraten
Hoffen
Und staunen
Ganz am Ende nur Fragen
Handlungen ertragen
Terror erwarten
Und doch findet Demokratie einher

JR

Regenbogen über Leipzig

Am Völkerschlachtdenkmal
Zerschellt der Verstand
Unser Land ist in Aufruhr
Unser Land ist außer Rand und Band
Trolle in Blau oder Braun
Modrige Phantasie
Wir sind ein Volk
Wir sind kein Volk
Doch die Kraft der Freiheit
Ist stärker als Ideologie
Die Kraft der Freiheit
Ist stärker als das Hier
Und ein Regenbogen strahlt
Über Leipzig
Und die Kraft der Revolution
Treibt sich
Selbst wieder an
Und befreit unser Land
Von zerstörendem Zynismus
Von diesem betonierten Ismus

SW

© Tapetenwechsel GbR, 2024